Barbara Wenzel-Winter

Auf einen Schlag

Barbara Wenzel-Winter, Jahrgang 1948, wurde auf dem Gut Groß-Below in Mecklenburg-Vorpommern geboren, ist ausgebildete Modedesignerin und lebt heute mit ihrem Mann und ihren beiden Kindern in Bremen. Neben ihrer Tätigkeit als freischaffende Künstlerin ist sie als Autorin und Fotografin tätig. Von ihr sind bei BoD bereits folgende Titel erschienen:

Kinder Kinder •
ISBN: 978-3-752-85514-2

Ein furzendes Katerchen •
ISBN: 978-3-837-08225-8

Tabuthema Wechseljahre •
ISBN: 978-3-837-04426-3

Ein Bild von mir •
ISBN: 978-3-839-12170-2

Storch im Salat •
ISBN: 978-3-837-02560-6

Die Katze in der roten Baskenmütze •
ISBN: 978-3-833-47029-5

Auf
einen
SCHLAG

BARBARA
WENZEL-WINTER

Bibliographische Information der Deutschen Bibliothek: Die Deutsche Bibliothek verzeichnet diese Publikation in der Deutschen Nationalbibliographie; detaillierte bibliographische Daten sind im Internet über **\<http://dnb.ddb.de\>** abrufbar.

Satz & Layout: Maxi Winter und Barbara Wenzel-Winter
Umschlaggestaltung: Barbara Wenzel-Winter
Herstellung & Verlag: Books on Demand GmbH, Norderstedt
Printed in Germany

ISBN 978-3-748-16756-3

Vorwort

Es fällt mir auch heute, dreizehn Jahre nachdem mein Mann die Gehirnblutung hatte, nicht leicht über die damaligen Ereignisse zu berichten, denn es hat nicht nur mich, sondern unsere gesamte Familie schwer traumatisiert. Nach all der Zeit ist es auch nicht leicht, mich an alles zu erinnern. Nicht, weil ich's nicht könnte oder weil mir Dinge entfallen sein könnten, sondern aus Angst davor, dass die Gefühle und Emotionen wieder hochkommen, zu stark sind und mich überwältigen. Denn kein Stein ist seinerzeit mehr auf dem anderen geblieben, bildlich gesprochen. Unser Haus stürzte zusammen und musste Stück für Stück neu errichtet werden. Das neue Haus ist immer noch nicht fertig und wird es auch wohl nie werden.

Ich schreibe dies alles vor allen Dingen auch deswegen, damit andere, denen Ähnliches widerfahren ist, sich von negativen, ärztlichen Prognosen nicht entmutigen lassen. Sich vor allem nicht entmutigen lassen, die Dinge, sprich Therapie, in die eigenen Hände zu nehmen.

Dies Buch ist, wenn Mann oder Frau so will, eine Fortsetzung meines Buches *Tabuthema Wechseljahre*. Da meine Wechseljahre mit denen meines Mannes eng zusammenhängen, habe ich einige Kapitel aus meinem oben genannten Buch entnommen, oder besser das neue Buch mit ihnen beginnen lassen.

LEISTUNGS-
GESELLSCHAFT

In unserer Leistungsgesellschaft haben
Krankheit, Alter und Behinderung keinen Stellenwert, somit haben auch die
Wechseljahre, sowohl die der Frau als
auch die des Mannes, einen außerordentlich schlechten Stand. Dies hat, so
meine ich, viel mit männlichem Verhalten zu tun. Wir leben in einer fast
ausschließlich männlich dominierten
Gesellschaft, in der Gefühle, Emotionen und Intuition nicht viel wert sind,
dafür aber um so mehr das gut geölte
Funktionieren!

WECHSELJAHRE

Ich glaube, Männer fürchten die Wechseljahre der Frau und auch ihre eigene ungeheuer, weil es etwas Irrationales in sich birgt, etwas nicht Berechenbares. Dies Unberechenbare tun Männer gern als "zickig" ab, sie spielen es herunter, entwerten es, um damit umgehen zu können. Nun ist es nicht so, dass Männer keine problematischen Wechseljahre durchmachen, die sich allerdings nicht so sehr körperlich, dafür aber um so mehr seelisch auswirken. Wechseljahre sind scheinbar generell ein Reizthema für Männer, ob es sich nun um ihre eigenen oder die ihrer Frauen handelt. Für Männer scheint es sehr wichtig zu sein, reibungslos zu funktionieren, ihren Körper und ihre Seele als eine gut geölte Maschine zu begreifen. Wenn Männer nun, mein Mann nicht ausgeschlossen, merken, dass es nicht mehr so mit ihrer Kraft klappt, sie spüren, dass ihre Energie nachlässt, verstärken sie ihre körperlichen Aktivitäten, reagieren rappelig, hysterisch, ja, werden tollkühn. Es treibt sie zu abenteuerlichen Aktivitäten. Sie können es nicht ertragen, körperlich nicht mehr so fit zu sein. Sie können sich nicht mit dem veränderten Zustand arrangieren. Sie begreifen nicht oder nur schwer, dass ihre Seele Zeit und Möglichkeit braucht, sich den Veränderungen anzupassen. Männer empfinden die Wechseljahre anscheinend ausschließlich als etwas Negatives, sie können die Chance nicht erkennen, die ihnen geboten wird. Auch bei ihnen verändert sich der Hormoncocktail und der Zahn der Zeit beißt zu. Nicht so heftig wie bei Frauen, auch nicht in so rasanter Zeit, aber er beißt dennoch zu. Männer werden meist nicht so dramatisch mit körperlichen Veränderungen konfrontiert wie wir Frauen. Meistens leiden sie auch nicht so massiv unter Hitzewallungen, Schweißausbrüchen, Angstzuständen und Depressionen. Und wenn sie es tun, versuchen sie es "wegzudrücken". Ihr Körper darf eben nicht ungehorsam sein. Wenn doch, wird er mit aller Härte und stärkerer Aktivität bestraft. Mann gibt nicht gern zu, dass sowohl männliche als auch weibliche Körper nicht ewig perfekt funktionieren. Es hat mich harte Diskussionen mit meinem Mann gekostet, um ihm dies verständlich zu machen. Er sollte akzeptieren, was mir da widerfahren war. Ich wollte Akzeptanz, Toleranz und bekam sie nicht. Ich war in ständiger Verteidigungshaltung und zutiefst verzweifelt. Ich kapierte nicht, warum mein Mann diese für mich so schwierige Zeit nicht akzeptieren wollte. Er kapselte und schottete sich immer mehr von mir ab. So stark, dass wir kaum noch miteinander sprachen. Ich wollte Diskussionen, er nicht. Mir wurde langsam klar, dass mein Mann ebenso wie ich, in einer Krise steckte, nur nahm er diese Krise nicht zur Kenntnis. Er rannte weiter, wie ein Huhn, dem der Kopf abgeschlagen worden war, nur, um nicht an das unangenehme Thema heranzumüssen. Männer nehmen ihre Krisen, wie gesagt, nicht gern zur Kenntnis und wenn, projizieren sie diese gern auf ihre nähere Umgebung, anstatt sie bei sich selbst zu suchen.

Das ist doch kein Beinbruch, oder?

Mein Mann jedoch hätte liebend gern die alte Frau, die er kannte, die Bequeme, die ihm alle Schwierigkeiten vom Hals hielt, vor allem die Kinder auf Abstand hielt, zurück gehabt. Nicht die Frau, die beispielsweise auf Spaziergängen nicht mehr so schnell traben konnte, wie noch Jahre zuvor, weil ihr Kreislauf bei allzu raschen Märschen sofort auf Hochtouren lief. Nicht die Frau, auf die er ständig Rücksicht nehmen musste. Gerade zum Trotze musste ich nun oft querfeldein mit ihm durch's Unterholz stapfen. Es war ihm schon mehr als lästig, wenn ich nach einem gemeinsamen Einkauf in einem Supermarkt mal wieder unplanmäßig unter Wasser stand und nicht sofort mit ihm nach draußen konnte, um unser Gekauftes im Auto zu verstauen. Den Spruch: „Es sei alles nicht mehr so wie früher, aber anders!", hörte ich allzu oft von ihm. Zu oft, als dass ich ihn und das, was er ausdrücken wollte, überhören konnte.

Auch bei meinem Mann war alles nicht mehr ganz so im Lot, wie noch vor einiger Zeit. Er hatte sich zwei Jahre zuvor einen Oberschenkelhalsbruch eingehandelt, weil er in grandioser Selbstüberschätzung, bei Glatteis, mit dem Fahrrad, einen Tag vor Weihnachten noch auf die Schnelle, sozusagen in letzter Minute, glaubte Weihnachtsbesorgungen machen zu müssen. Die

Einkäufe endeten im Krankenhaus. Ich lag triefend zu Hause herum, er mit geschraubtem Knochen in der Orthopädie eines Krankenhauses. Dies war zunächst erst einmal das Ende einer Phase der Unruhe, der Unzufriedenheit, des sinnlosen Weiterlaufens ohne Innezuhalten. Seit diesem Wink des Schicksals, den er selbstverständlich nicht als solchen sah, war mein Mann gezwungen es etwas langsamer angehen zu lassen. Lange wollte sein Bein, auch als er schon wieder längst laufen konnte, nicht mehr so ganz wie früher, es versagte einfach seinen Dienst. Sein Körper, wie „empörend", machte nicht mit…

DAS ULTIMATUM

Trotz des nicht zu unterschätzenden Handicaps, trieb es meinen Angetrauten weiter. Was trieb ihn? Etwas Undefinierbares, etwas Ungreifbares, etwas, das ihn auf jeden Fall ungenießbar, immer unerträglicher sein ließ. Jedenfalls für uns, seine Familie, unsere beiden Kinder und mich. Die ausgesprochene Vermutung, sein Verhalten könne doch im weiteren oder auch im engeren Sinn mit männlichen Wechseljahren zu tun haben, wies er weit von sich. Ganz im Gegenteil, er hätte nicht das Geringste, alles sei in völliger Ordnung. Auf Nachfragen, ob denn beruflich etwas im Argen sei, wurden seinerseits abschlägig beschieden und weit von sich gewiesen. Natürlich war mir klar, dass das Pensum bei der Telekom für ihn als beamteter Sachbearbeiter im Bereich Kindergeld nicht weniger, eher mehr geworden war. Die Telekom versuchte seit geraumer Zeit zu optimieren, Stellen zu streichen, ganze Abteilungen zusammenzulegen, verschwinden zu lassen. Menschliche Schicksale waren dabei lästig, Nebensache. Der Druck auf die verbliebenen Mitarbeiter war groß, da sie die Arbeit der Hinauskomplimentierten übernommen hatten und bewältigt werden musste. Es war intern bekannt, dass die Telekom nach allen Regeln der Kunst Beamte und Angestellte mit allen nur erdenklichen Methoden hinausmobbte, die sich nicht freiwillig frühpensionieren lassen wollten. Sehr viele der auf diese Art Freigestellten waren noch weit von der Pensionsgrenze entfernt, mitunter erst vierzig oder Mitte Dreißig und dementsprechend spartanisch fiel ihre Rente oder Pension aus. Mein Mann war, mit Anfang Fünfzig, nach wie vor diesem immensen Druck ausgeliefert. Er weigerte sich darüber zu sprechen und dementsprechend privat kürzer zu treten.

Alles eher in Ruhe angehen zu lassen, wäre jetzt das Gebot der Stunde gewesen. Stattdessen wurde mein Mann immer betriebsamer, gönnte sich keine Ruhe und seine Laune war dementsprechend katastrophal. Ich hatte meinem Mann schon mehrfach den Rat gegeben, wenn er nicht mit mir über seine Probleme reden wolle, solle er dies mit einem Psychotherapeuten seiner Wahl tun. Er ging nicht darauf ein. Sein mehr als stures Verhalten, sein innerer Rückzug, hatten bei mir das Maß voll gemacht. Es ging nicht mehr so weiter, also stellte ich ihm ein Ultimatum. Wenn er nicht wolle, dass unsere Ehe, unsere Partnerschaft völlig in die Binsen ginge, solle er zu einem Therapeuten gehen. Ich drückte ihm einige entsprechende Adressen und Telefonnummern in die Hand. Sollte er darauf nicht eingehen, würde ich ihm eines schönen Tages seine Sachen vor die Tür stellen und ihn hinaus werfen. Lange Rede, kurzer Sinn, er nahm den erstbesten ausgesuchten Therapeuten und seltsamerweise stellte dieser sich als gar nicht so übel heraus. In der Folgezeit ging es peu à peu bergauf. Mein Mann wurde wieder zugänglicher. Die erhoffte Langsamkeit und größere Besinnlichkeit stellte sich jedoch nicht ein.

EIN PUBERTIERENDER EHEMANN

Einesteils hatte die folgende Zeit etwas Tröstliches, weil ich große Hoffnung in die Therapie setzte, andererseits jedoch stellte sich bald heraus, daß ich mit einem neuen Problem konfrontiert wurde und das hieß Pubertät. Nicht die Pubertät meines vierzehnjährigen Sohns, sondern die meines Mannes. Er durchlebte seine seinerzeit schiefgelaufene ein zweites Mal mithilfe seines Therapeuten und wurde erneut zum Pubertierenden in Punkto Weiblichkeit und Sexualität. Das hatte nur einen gewaltigen Haken, jedenfalls für mich, denn ich empfand mich als das, was ich war, eine Frau Mitte Fünfzig. Mein Mann war jedoch plötzlich in die Zeit als Heranwachsender zurückkatapultiert worden. Er entdeckte die Weiblichkeit neu. Er probierte sich aus, flirtete, was das Zeug hielt und ich stand hilflos, als alte Kuh daneben und bereute inzwischen zutiefst ihn zur Therapie genötigt zu haben. Was hatte ich da in Gang gesetzt, wo sollte das noch hinführen?

An jeder Ecke prallten ihm Sexualsymbole entgegen, auch ein simpler Tannenzapfen hatte für ihn sexuelle Symbolkraft. Statt eines missmutig und übertrieben hektischen Partners, hatte ich jetzt einen immer noch zu übertrieben agierenden, jedoch Pubertierenden am Hals. Keine wirkliche Verbesserung also. Ein Gutes hatte das Ganze allerdings, unsere sexuelle Beziehung hatte wieder Auftrieb bekommen. Mein Mann hatte schlichtweg den Spieß umgedreht und mich erpresst. Sollte ich mich ihm nach wie vor verweigern, würde er sich außerhäusig orientieren. Also gab ich nach, denn das wollte ich nun ganz gewiss nicht riskieren.

Unser Sohn empfand es allerdings überhaupt nicht witzig, statt eines Vaters einen pubertierenden Freund zu haben, der ihm ungewollte Ratschläge in Punkto Sexualität verpassen wollte. Ansonsten verstanden beide sich nach vielen vorangegangenen, verbissenen und ermüdenden, und nicht nur verbalen Auseinandersetzungen, wesentlich besser. Sie spielten wieder gemeinsam Fußball und machten lange, abendliche Wanderungen. Zwei Pubertierende erkundeten die Gegend.

Auf der Überholspur

Nicht gerade Friede war bei uns einge-
zogen, jedoch ein Zustand, den man
am Besten mit Waffenstillstand be-
zeichnen könnte. Ich gewöhnte mich
langsam an zwei Pubertierende in meiner Familie. Hatte ich noch vor einigen Monaten Auseinandersetzungen
mit meinem Mann, weil er mauerte,
nicht mit der Sprache raus wollte, strit-
ten wir uns jetzt darüber, dass er sich,
in meinen Augen, vor anderen Frauen
zum Affen machte. Er trieb mich zum
Wahnsinn, es machte mich eifersüchtig,
was er trieb. Ich wollte nicht eifersüch-

tig sein, ich wollte endlich ein ruhiges Leben führen. Ich hatte schon genug zu tun mit dem Aufruhr in mir, der sich Wechseljahre nennt. Außerdem störte mich immer noch die Rastlosigkeit, die von meinem Mann ausging. Ein Termin jagte den nächsten, er hastete vom Psychotherapeuten zur Feldenkraisleherrerin und von da aus zu unserer Homöopathin oder zur Arbeit. Er hatte angeblich Kraft ohne Ende, war fit wie ein ganzer Satz Turnschuhe. Aber Zeit für mich hatte er kaum noch. Das konnte nicht gesund sein, nicht für ihn und nicht für uns beide. Jedoch musste ich zusehen und so lange warten, bis er von selbst Ruhe gab. Mir schwante irgendwie nichts Gutes. Irgendetwas musste passieren, musste ihn stoppen, ihn, der dabei war sich noch selbst zu überholen.

Ruhe vor dem Sturm

Nicht im Geringsten hätte ich vermutet, was das Leben, einige würden das große Wort „Schicksal" bemühen, noch so alles für mich bereithielt. Ich glaubte, das Schlimmste, was die Überschrift Wechseljahre verdient, überstanden zu haben. Für mich war endlich etwas Ruhe eingekehrt, ich konnte ein klein bisschen durchatmen. Sah schon wieder Licht am Ende des, für mich arg langen, Tunnels. Diese fiesen Hitzewallungen mit anschließenden Schweißausbrüchen plagten mich nicht mehr ganz so stark, vielleicht hatte ich mich auch schon ein ganz klein wenig an sie gewöhnt. Ich war zum Glück durch sie nicht mehr ans Haus gefesselt! Mein Leben begann sich wieder ganz langsam zu normalisieren. Auch die Beziehung zu meinem Mann hatte nicht mehr ganz den Charakter des Ausnahmezustands. Wir näherten uns wieder vorsichtig, wie zwei Igel, einander an. Natürlich gab es nach wie vor mehr oder weniger harte Diskussionen, denn ganz die Alte war ich nicht mehr, wollte es auch nicht mehr sein.

AUS HEITEREM HIMMEL

Der Stopp kam so heftig und unerwartet, wie es sich niemand hätte vorstellen mögen. Eines Sonntagmorgens, in der Zeit, in der mein Mann und ich ganz unter uns, ganz ungestört sein wollten, und deshalb die Tür hinter uns verschlossen hatten, traf meinen Angetrauten das, was man landläufig den „Schlag" nennt. Natürlich wusste ich nicht, was ich mit den Symptomen anfangen sollte, die sich bei ihm zeigten. Er sprach plötzlich etwas schwerfällig und das, was er sagte, wirkte nicht ganz logisch, besser gesagt etwas verwirrt.

Noch stutziger machte mich, als er mich bat, ihm aus dem Bett zu helfen, denn er könne mit einmal sein linkes Bein und seinen linken Arm nicht bewegen. Zunächst glaubte ich, er hätte sich im Rücken etwas verrenkt, ein Nerv sei eingeklemmt. Nein, irgendwie konnte dies nicht sein. Irgendetwas war da faul. Langsam dämmerte mir, dass er etwas Gravierendes haben musste. Ich vermutete in Richtung Schlaganfall. Mein Herz schlug wie wahnsinnig, als ich zitternd, vor Angst und Entsetzen, die Ambulanz rief. Ich konnte nicht mehr klar denken, trotz allem gab ich meinem Mann noch eine Dosis des homöopathischen Mittels Arnika C 30, von dem ich gelesen hatte, dass dies bei Schlaganfällen das Mittel der Wahl sei.

In der Neurologie

…landete mein Mann, nachdem der Krankenwagen ihn abtransportiert hatte. Er rief mich etwa eine Stunde später an und teilte mir mit, er sei durch's MRT gegangen und man hätte festgestellt, dass er keinen Schlaganfall, sondern eine Gehirnblutung hätte. Er würde jetzt auf's Zimmer gebracht. Na ja, dachte ich, wenn er noch so gut beieinander ist, um mir dies alles mitzuteilen, kann's ja so schlimm nicht sein. Da irrte ich allerdings gewaltig.

Als meine beiden Kinder und ich etwas später in der Neurologie des St. Jürgen Krankenhauses eintrafen, fanden wir meinen Mann in sich zusammengesunken, mit leerem Blick, sabbernd vor sich hin starrend, vor. Das konnte doch nicht wahr sein! Was war passiert!? Der behandelnde Arzt meinte lapidar, das sei eben so, wenn man eine Blutung von der Größe eines Fünfmarkstücks im Gehirn hätte. Wenn die Blutung nicht von selbst stoppen würde, müssten sie operieren und das Blut absaugen. Damit war die Unterredung beendet. Schon erstaunlich bei Privatpatienten der Postbeamtenkrankenkasse… Ich mochte mir gar nicht vorstellen, wie kurz die Unterhaltung bei Mitgliedern einer gesetzlichen Krankenkasse ausgefallen wäre!

Mein Mann war übrigens an verschiedene Geräte angeschlossen, unter anderem an einen Tropf, mit dem ihm ein Blutdruck senkendes Medikament einverleibt wurde. Die Krankenschwester hatte ihm unsinnigerweise kurz vor unserer Ankunft Wackelpudding zu essen gegeben, um zu testen, ob er schlucken könne. Augenscheinlich konnte er es jedoch nicht, denn der Brei floss ihm aus den Mundwinkeln und er musste sich übergeben. Wie gefährlich und unprofessionell! Ich war schon allein durch das geschockt, was meinem Mann widerfahren war, mit seinen gerade mal vierundfünfzig Jahren, aber dies Vorgehen hier in der Neurologie entsetzte mich derart, dass ich beschloss, die Behandlung meines Mannes zusammen mit meiner Homöopathin selbst in die Hände zu nehmen. Denn die Therapie, die ich hier erdulden musste, war grauenhafter Dilettantismus und absolut unzureichend.

Da mein Mann und ich schon geraume Zeit keine Freunde der Allopathie waren und ich darüber hinaus überhaupt kein Zutrauen zu dem hatte, wie man mit Patienten, die eine Gehirnblutung erlitten hatten, verfuhr, gab ich ihm, bevor wir drei stark traumatisiert das Krankenhaus verließen, noch eine Doppeldosis Arnika C 30. Arnika potenziert stoppt Blutungen und lässt Schwellungen zurückgehen. Ich hätte ihm gerne höhere Potenzen gegeben, aber die musste ich erst am nächsten Tag, einem Montag besorgen. Nun besuchten wir meinen Mann abwechselnd täglich und gaben ihm zunächst Arnika C 200, dann mehrmals C 1000. Einen Tag später war Arno schon wieder mehr bei Bewusstsein, hatte zwar große Gedächtnislücken, war jedoch schon wieder in der Lage per Handy mit mir zu telefonieren. Seine Zunge war etwas schwer, er konnte sich nicht mehr so gut artikulieren, wie noch ein paar Tage zuvor, aber das konnte ja noch kommen. Nichtsdestotrotz machte ich mit meinem Mann per Handy Gedächtnisübungen. Ich sagte ihm ein paar Zeilen von Joseph Guggenmoos Gedichten, die er so liebte, und er musste sie beenden oder weiter führen, was auch klappte, nicht immer gleich gut, aber in Anbetracht der Umstände. Dies war nicht nur Spaß, denn so testete ich aus, wozu er noch in der Lage war, wie gut sein Gehirn trotz Einblutung funktionierte. Es gab allerdings noch ein weiteres gravierendes Problem, nämlich die Lähmung seiner linken Körperseite und die besserte sich nicht so schnell. Trotz dieser halbseitigen Lähmung, schaffte er es nachts im Traum, unbemerkt vom Krankenhauspersonal, sich aus einem gesicherten Bett zu katapultieren. Er war fest davon überzeugt, vor einem gefährlichen Tiger fliehen zu müssen.

Drei Tage nachdem er eingeliefert worden war, wurde mein Mann zur Neurologie Bremen Ost zu den schweren Fällen verlegt, natürlich ohne mich vorher zu informieren.

In Bremen Ost

Bei den schweren Fällen ging's leider um keinen Deut besser zu als in der St. Jürgen-Neurologie. Ganz im Gegenteil! Da Arno nicht nur halbseitig gelähmt war, nein, auch seine Blasenschließmuskulatur nicht mehr seinem Willen unterworfen war, musste er gewindelt werden. Dass dies aber wohl nicht regelmäßig getan wurde, war mir sofort klar, als ich das Krankenzimmer betrat. Es schlug mir und meinen Kindern ein penetranter Uringeruch entgegen. Arno schwamm geradezu in seinem Urin. Essen konnte er allein mit der rechten Hand und demnach auch schlucken. Na, wenigstens das! Darüber hinaus wirkte er ziemlich benebelt und so, als sei er nicht ganz wach. Wir konnten uns zwar mit ihm unterhalten, aber er war nicht mehr der, den wir kannten. Er schien auch geistig enorm beeinträchtigt zu sein und seine Zunge bewegte sich schwer, als sei er stark betrunken. Die Augen waren halb geschlossen und er klagte über Druckschmerzen über den Augen. Auch hier in Bremen Ost behandelten wir ihn weiterhin homöopathisch. Alle paar Tage bekam er Arnika, Phosphor und andere Mittel hochpotenziert. Trotz allem hing er am Tropf, allerdings nur noch wenige Tage. Niemand informierte uns darüber, was für eine Therapie angewandt wurde und ob überhaupt therapiert wurde oder einfach abgewartet wurde, wie es sich entwickelte. Ich nahm Letzteres an.

Die gesamte Zeit über sah ich keinen behandelnden Arzt, ich hörte nur über meinen Mann von ihnen.

Zum Frühstück hatte man Arno Bohnenkaffee und Leberwurstbrote serviert, was mich schon sehr erstaunte, also keine Krankenkost, die berücksichtigte, dass Patienten gerade wegen diesen Kalorienbomben sich hier aufhielten.

Bei uns zu Hause ging's zum Glück etwas anders zu. Da wir uns vegetarisch ernährten, gab's zwar Käse, aber keine Wurst, dafür vegetarischen Brotaufstrich verschiedener Geschmacksrichtungen und zum Frühstück entweder einen Smoothie aus Bananen, Birnen und Äpfeln oder Müsli mit Haferflocken, Äpfeln und Bananen. Und statt Bohnenkaffee tranken wir halt Getreidekaffee.

Den ganzen Vormittag sollte Arno also Bohnenkaffee trinken, eingedenk eines zu hohen Blutdrucks auch nicht optimal. Er sollte viel Flüssigkeit zu sich nehmen, warum auch immer, was aber das Windelproblem wiederum verschärfte. Arno war eh nie ein großer Trinker vor dem Herrn gewesen, was die Konsistenz seines Urins zu einer dunklen Brühe werden ließ und der Geruch, der sich im Raum verbreitete, dementsprechend streng war.

Damit mein Arno sich nicht ganz so einsam und verlassen fühlte, hatten wir ihm Fotos von mir und unseren beiden Kindern mitgebracht und selbstverständlich auch von unserem Kater Bisi. Bei einem meiner Besuche meinte mein Angetrauter, er hätte es jetzt dicke, er wolle nach Hause. Wie er dort hinkommen wolle, fragte ich ihn. Na, mit seinem Fahrrad, war die prompte Antwort. Das war ein klares Zeichen, dass er seine momentane Situation überhaupt nicht einschätzen konnte, er registrierte nicht, dass er halbseitig gelähmt war. Mitunter wusste er auch nicht, wie er dort hingekommen war, wo er sich jetzt befand. Das schockierte mich schon sehr. Wenn ich mich auf dem langen Weg zum Krankenhaus befand, schossen mir oft die Tränen vor Verzweiflung aus den Augen. Mir war egal, ob andere merkten, wie es um mich stand und wie traurig ich war. Was würde werden, würde mein Mann je wieder so sein, wie er mal war? Ich bezweifle dies sehr. Da ich mich seinerzeit noch in psychotherapeutischer Behandlung befand, hatte ich dort wenigstens seelische Unterstützung und konnte meinem Kum-

mer Worte verleihen, trotzdem konnten all die Gespräche nicht meine
grauenhafte Angst vor der Zukunft
lindern.

Im Einzelzimmer

Nach etwa zwei Wochen wurde mein Mann in ein Einzelzimmer verlegt, das in einer anderen Abteilung lag. Das bedeutet, er konnte verlegt werden, denn es ging ihm peu à peu besser. Nicht das Krankenhaus informierte mich, sondern mein Mann selbst, er sagte mir auch die Zimmernummer. Mit diesem neuen Zimmer war gleichzeitig krankenhausinterne Reha verbunden. Es ging also doch vorwärts. Vorher mussten wir allerdings bei der Krankenkasse abklären, ob sie die Kosten für das Einzelzimmer überhaupt übernahm, was sie zum Glück tat. Das neue Zimmer war mit einem behindertengerechten Bad, einem Tisch, einem Stuhl ausgestattet und mein Mann hatte einen Rollstuhl bekommen. In diesen Rollstuhl wurde er von einem Pfleger gesetzt, ohne angeschnallt zu werden, was schief gehen musste und auch prompt tat. Er kippte nach vorne über auf den Boden, weil er sich nicht allein aufrecht halten konnte. Das allerdings hätte ein Pfleger in dieser Abteilung wissen und berücksichtigen müssen. Zum Glück hatte sich mein Mann bei der Aktion nicht verletzt. Sobald Arno gelernt hatte mit dem Rollstuhl umzugehen, begann er auch sofort ihn zu nutzen. Wir hatten ihm inzwischen seine normale Tageskleidung gebracht. Die Pfleger kleideten ihn an und er erkundete die Etage, auf der er sich befand. Dass er dies konnte, hatte er nicht zuletzt den homöopathischen Dosen zu verdanken, die wir ihm immer noch in regelmäßigen Abständen verpassten. Die erneute Untersuchung im MRT hatte keinen gravierenden Unterschied zum letzten Ergebnis ergeben, der Bluterguss im Gehirn war immer noch von der Größe eines Fünfmarkstücks. Zum Glück hatten wir die Einblutung rechtzeitig stoppen können. Der Körper musste nun das Blut absorbieren und, was ganz wichtig war, das Gehirn musste zerstörte oder blockierte Nervenfunktionen und -verbindungen durch andere ersetzen. Dass dies viel Zeit in Anspruch nehmen würde, war mir ziemlich schnell klar. Denn an seiner halbseitigen Lähmung gab es keine Veränderung.

Trotzdem fand ich, dass mein Mann enorme Fortschritte machte. Sobald er in Erfahrung gebracht hatte, dass es eine Krankenhausbücherei gab, ließ er sich zeigen, wo sie sich befand, fuhr hin und lieh sich Bücher aus. Am Telefon las er mir daraus vor. Sehr hektisch und schnell las er, auch nicht unbedingt ganz deutlich, aber er las vor, konnte lesen. Der Blick seiner Augen war übrigens noch sehr starr und seine Pupillen sehr klein, entsprechend eingeschränkt war sein Blickfeld.

Bei unseren Besuchen fuhren wir, meine Kinder und ich, mit Arno durch den Krankenhauspark, denn zum Glück war inzwischen Juli und das Wetter so gut, dass wir nach draußen gehen konnten. Die Gehirnblutung war jetzt etwa vier Wochen her. Mitunter schaffte mein Mann es sogar allein mit dem Aufzug nach unten zur großen Eingangstür zu fahren und mit der Hilfe eines Pflegers fuhr er zu den Münzwaschmaschinen und wusch seine schmutzige Wäsche.

Er konnte schon ne ganze Menge, bis auf sich selbst waschen und duschen, was noch ein Pfleger für ihn besorgen musste.

Ich war unendlich froh, dass er nicht so behindert war, wie einige Gestalten, die auf dem Gang der Abteilung festgeschnallt, mit Kopfstütze vor sich hinsabbernd, und mit leerem Blick in ihren Spezialrollstühlen im Halbkoma saßen. Jetzt war mein Mann schon so fit, dass ihn seine Arbeitskollegen besuchen konnten. Sie scherzten, wann er denn wieder zu ihnen käme, um seine Arbeit aufzunehmen, denn da sei verdammt viel liegen geblieben und der Stapel würde immer größer werden. Aber es war ihnen schon klar, wenn es denn überhaupt jemals wieder der Fall sein würde, dass es noch sehr lange dauern würde.

Insgesamt blieb mein Mann vier Wochen in dieser Abteilung, bekam Logopädie, Physiotherapie, Ergotherapie. Er hätte auch theoretisch eine Therapie im Wasser haben können und eigentlich müssen, denn es gab ein krankenhauseigenes Schwimmbad, aber diese Möglichkeit wurde zu keinem Zeitpunk seines Aufenthalts von den Behandelnden ins Auge gefasst. Meines Erachtens wäre das Gefühl für jeden so stark beeinträchtigten Menschen, mit Hilfe eines Therapeuten, relativ schwerelos durchs Wasser gleiten zu können, eine sehr heilsame Erfahrung. Aber dies überstieg wohl das Budget unserer Krankenkasse um ein Vielfaches…

Nach diesen vier Wochen, in denen Arno lernte sich mit Hilfe in die Senkrechte zu bringen und wenn auch nur wackelig und für kurze Zeit so zu halten sowie kleine Schritte zu gehen, wurde er in die Reha Oldenburg verlegt. Ich wäre damit einverstanden gewesen, wenn mein Mann nach Hause entlassen worden wäre und die Therapie hier mit ambulanten Therapeuten fortgeführt worden wäre, aber er hatte nicht den Mut dazu, versprach sich viel von der Oldenburger Reha, zu viel.

REHA

Wir hätten es bei Bremen Ost belassen sollen, denn jetzt kam etwas auf uns zu, was ich uns allen gern erspart hätte. Mit Arnos Unterbringung hatte dies nichts zu tun, denn die war mehr als in Ordnung. Ein Einzelzimmer mit Radio, Fernseher und Telefon. Es hatte mit den Ansprüchen zu tun, die unsere Gesellschaft an jeden stellt, der verschuldet oder unverschuldet erkrankt, schwer erkrankt. Und es hat damit zu tun, dass Menschen nicht als Individuen betrachtet werden. So gestaltete sich auch die Reha.

Nervenläsionen sind ziemlich therapieresistent und dazu gehören auch Gehirnblutungen, je größer die Ausprägung der Blutung, umso schwieriger und langwieriger. Unsere heutige Medizin hat dem, abgesehen von Zeit, nicht viel entgegenzusetzen, und die gibt man den Patienten nicht. Er sollen schnell wieder rehabilitiert werden und wenn das nicht in der vorgeschriebenen Zeit gelingt, wird der Patient abgeschrieben. Nun ist es nicht so, dass die Herrn und Damen Neurologen dies ehrlich zugeben würden, nein, es wird herumlaviert und dem Patienten die Schuld zugewiesen, wenn's nicht so läuft, wie's laufen soll.

Mein Mann wurde, unter anderem, in halb hängender Position auf ein sogenanntes Laufband geschnallt, auf dem er laufen sollte. Mit halbseitiger Lähmung nicht so ganz einfach bis unmöglich. Diese völlig zwecklose Übung wurde täglich durchgeführt und auch selbstverständlich noch andere physiotherapeutische Übungen. Mit dem Ergebnis, dass es halt nicht so wie gewünscht funktionierte und der Patient binnen Kurzem noch mehr demoralisiert und traumatisiert wurde, als es schon ohnedies der Fall war.

Von der behandelnden Ärztin wurde ich aufgefordert, mir die Misserfolge meines Mannes vor Ort anzuschauen. Ich sollte, Stück für Stück, dazu gebracht werden, einer Einweisung in ein Pflegeheim zuzustimmen. Das sagte man mir ganz offen. Doch ich tat dies nicht, ich weigerte mich entschieden. Die Begründung der Ärztin: Mein Mann könne, so wie er sei, nicht in unserem mehrstöckigen Haus mit uns leben. Da er nicht laufen könne, schon gar nicht Treppen steigen, sei er auf einen Rollstuhl und auf Pflegepersonen angewiesen, was beides eben nicht bei uns zu Hause ginge. Wir hatten zuvor die Anweisung bekommen unser Haus, alle Räume und ihre Anordnung abzulichten, was wir auch taten, wir filmten es sogar in unserer grenzenlosen Naivität. Man wollte dem Traumatisierten und stark Lädierten nicht die Zeit lassen, die er benötigte, damit seine Körperfunktionen sich wieder regenerierten, normalisierten. Die Krankenkasse war nicht das Problem, denn die bestätigte mir, dass ihre Leistungen noch längst nicht ausgeschöpft wären.

Derweil übte mein Mann für sich allein das Laufen am Stock und auch mit einem Therapeuten das Treppensteigen. Inzwischen funktionierte auch seine Blase und sein Darm wieder so, dass er selbst die Toilette benutzen konnte, allerdings nur mit der Hilfe des Rollstuhls, den man ihm zur Verfügung gestellt hatte. Hätte man ihm mehr Zeit eingeräumt, wäre alles in Ordnung gewesen, und ganz wichtig, wenn man Zutrauen gehabt hätte, dass er es mit der Zeit schon packt. Aber da beides nicht der Fall war und mein Mann stark unter Druck gesetzt wurde, wirkte sich die Reha auf ihn katastrophal aus.

Was er auch in seiner Rehazeit in Oldenburg nicht lernte und auch nicht mit ihm geübt würde: Mit dem Rollstuhl auch im Alltag mit halbseitiger Lähmung klarzukommen, denn, dass die ihm entweder bleiben oder nicht so schnell mehr verschwinden würde, war ja ziemlich schnell klar. Also, warum nicht den Patienten auf ein Leben mit dieser Behinderung so gut, wie möglich vorzubereiten?

Rollstühle & Co.

Das Rehazentrum Oldenburg hatte Anweisung gegeben, bei uns zu Hause dafür zu sorgen, dass es behindertengerecht zuging und schickte uns deshalb eine Firma auf den Hals, die uns Zubehör zur Verfügung stellen würde.

Die Herren und Damen Neurologen waren halt sehr zwiespältig, einesteils wollten sie meinen Mann in ein Pflegeheim abschieben, da er ja nicht in angemessener Zeit, innerhalb von sechs Wochen, auf die Beine kam und deshalb wirtschaftlich und gesellschaftlich nicht mehr verwertbar war. Andererseits wollten sie uns mit allem ausstatten, was ein halbseitig Gelähmter so braucht, der keine Treppen steigen und der sich nur eingeschränkt bewegen kann. Eingeschüchtert, wie wir waren, sagten wir zu allem Ja, was uns nur helfen konnte, auch das Unsinnigste.

Das Erste, was wir bekommen sollten, war ein Rollstuhl, der Treppen steigen kann. Er kam und wurde mit Fachmann, und mit Hilfe meiner Tochter, die sich in Rollstuhl setzen musste, ausprobiert. Es funktioniert mitnichten, da unsere Treppe für das Gerät angeblich zu steil war. Beide, Rollstuhl und Tochter, sausten um ein Haar die Treppe rückwärts runter. Also besser auf so etwas Lebensgefährliches verzichten. Eine Katastrophe reichte uns vollkommen! Ein normaler Rollstuhl, für Bewegungen außer Haus, tat es wohl auch. Also wurde die Höhe und Breite bei Arno vor Ort in Oldenburg ausgemessen und bestellt. Außer diesem Rollstuhl und Dreibeingehhilfen, drehte man uns ein Gerät an, mit dessen Hilfe wir meinen Mann in die Badewanne hieven und baden konnten. Es funktionierte elektrisch und darüber hinaus überhaupt nicht gut, sondern hakelig und stockend. Es war völlig unpraktisch und stand nur herum, nahm unnötig Platz ein. Ein Duschbrett, über die Badewanne gelegt, hätte es auch getan, aber das begriffen wir erst später. Dazu bekamen wir einen behindertengerechten, erhöhten Toilettensitz

Ein Einzelzimmer hatte mein Mann schon seit einigen Jahren, denn er und ich schliefen seit seinem ersten Beinbruch vor drei Jahren getrennt. Das war's! Jetzt hätte mein Mann kommen können, alles war bereit für ihn, wenn er sich denn getraut hätte. Das aller-

dings sollte noch bis kurz vor Weihnachten dauern.

LUNGENENTZÜNDUNG

Ich beschwor meinen Mann zu uns nach Hause zu kommen. Sagte ihm, dass ich hier, vor Ort, Therapeuten besorgen würde und dass auch hier, in aller Ruhe, die Reha, unsere Art der Reha, weiter gehen könne. Doch er hatte mehr Zutrauen zu dem, was die Ärzte meinten oder besser, er hatte gar kein Zutrauen mehr, vor allem, und das war entscheidend, nicht zu sich selbst. Dies äußerte sich zunächst in einer Lungenentzündung, die er von einem Tag auf den anderen bekam. Nicht lange danach, als wenn nicht alles schon problematisch genug war, verfehlte er den Rollstuhl und brach sich dabei den linken Oberschenkelhals. Er rutschte ihm unter den Händen weg, als er im Begriff war auf die Toilette zu gehen, denn das konnte er inzwischen auch schon selbständig. Er hatte damit die Dinge auf seine Art gelöst. Keine gute Lösung, aber eine Lösung für ihn. Er wollte nicht ins Pflegeheim, das war klar, aber auch nicht nach Hause. Also raus aus der Reha und rein ins Krankenhaus. Das Unbewußte funktionierte perfekt. Der Oberschenkel war so zertrümmert, dass ihm ein neues Hüftgelenk eingebaut werden musste. Der Rest der Familie und ich rutschten indes von einem Trauma ins nächste. Ich musste dem Treiben meines Mannes zuschauen, ohne etwas tun zu können. Ich war wütend und traurig zugleich, am Ende meiner Kräfte, meiner körperlichen, nervlichen und seelischen.

Ich konnte nicht mehr. Das Einzige, was ich tun konnte, war mich selbst zu schützen, mich distanzieren. Je mehr Zeit ins Land ging, umso mehr glaubte ich, dass eine Basis zum Zusammenleben mit meinem Mann nicht mehr gegeben war. Ich konnte das alles nicht mehr akzeptieren. Wir beide hatten ja schon in den Jahren vor seiner Gehirnblutung unsere Probleme miteinander, aber dies hier war der Gipfel.

Seit der Zeit in Bremen Ost hatte ich mit meinem Mann keinen persönlichen Kontakt mehr gehabt. Unsere beiden Sprösslinge waren zweimal bei ihm im Rehazentrum in Oldenburg gewesen, denn die Tour mit der Bahn und Bus, hin und zurück, war auch nicht besonders preiswert und umständlich genug. Telefonisch hatten wir Kontakt, denn ich rief ihn täglich an und wir sprachen so lange miteinander, wie er es aushielt.

In seiner Zeit in Oldenburg besuchte ich meinen Mann nicht. Ich muss zugeben, es war eine Mischung aus Feigheit und Selbstschutz. Ich musste den Kopf über Wasser behalten, ich durfte nicht auch noch zu allem Überfluss zusammenklappen. Es war auch wichtig, mich nicht von den Ärzten runterziehen zu lassen, denn das war ihnen mit meinem Mann schon über genug gelungen. Ich hielt schon lange nichts mehr von allopathischer Medizin und hatte in Allem leider mehr als Recht behalten. Schweren Herzens musste ich zusehen wie man an ihm herumpfuschte.

DAS LEBEN GEHT

WEITER

...mehr schlecht als recht. Es musste weiter gehen, auch ohne meinen Mann. Er war mal wieder zur Hauptperson geworden und alles drehte sich fast ausschließlich nur um ihn. Was sollte in Zukunft werden, wenn er sich nicht wieder voll erholte, nicht wieder ganz der Alte wurde? In die Richtung mochte ich noch gar nicht denken, obwohl dies seit einiger Zeit im Raum stand.

Ich sorgte von Zeit zu Zeit für Krankschreibungen und sprach auch telefonisch mit seinem direkten Vorgesetzten. Der wollte wissen, wie lange die Reha noch dauern würde. Und in regelmäßigen Abständen erneuerte er die Frage. Woher sollte ich das wissen?! Also auch da Druck, Druck von allen Seiten, obwohl doch völlig klar war, dass ein so schwer Ausgeknockter Zeit brauchte. Viel, viel Zeit.

Der Druck wurde und wurde nicht kleiner. Der Vorgesetzte meines Mannes war der Hauptgrund, warum meinem Mann dies Fürchterliche überhaupt widerfahren war. Dieser war fein raus und konnte weiterhin arbeiten. Wir, der Rest der Familie, musste mit dem, was da passiert war, irgendwie klar kommen, mit dem Schock und mit dem Alltag.Meine beiden Kinder, wie auch ich waren in psychotherapeutischer Behandlung und trotzdem war es unendlich schwer alles zu verarbeiten, was geschehen war. Zusätzlich wurden wir noch homöopathisch behandelt, auch das half. Trotz allem ging es mir mies. Mein Blutdruck war viel zu hoch, um einiges höher als der meines Mannes vor dem Gehirnschlag.

Mit Hilfe meiner Tochter, die damals gerade zwanzig geworden war und Biologie studierte, bewältigte ich alles mit und um die Krankenkasse herum. Dies war bisher Sache meines Mannes gewesen, auch Versicherungen und Finanzen. Ich war bisher für alles Übrige zuständig gewesen, das Managen eines Haushalts eben, samt Kindern und Katze und das war auch schon mehr als genug. Aber zusammen mit meiner Tochter klappte es irgendwie. Die hatte zum Glück Semesterferien über die Sommermonate und Benny, mein vierzehnjähriger, pubertierender Sohn, Sommerferien. Alle Einkäufe, für einen Dreipersonenhaushalt, mussten jetzt zu Fuß erledigt werden. Unser Auto stand einsam und ungenutzt in der Gegend herum, denn einen Führerschein hatte nur mein Mann. Auch 'ne Riesenumstellung. Wenn wir jetzt einen Ausflug machen wollten, in Bremen und Umzu, dann mit dem Bus oder mit der Straßenbahn, ganz schön umständlich. Auf den Findorffmarkt, einem der größten Wochenmärkte Bremens, unsere bevorzugte Einkaufsquelle, kamen wir gar nicht mehr. Nicht mehr an unser Bio-Brot, nicht mehr an qualitativ hochwertiges Obst und frisches Gemüse. Das musste wieder anders werden! Also begann Maxi im Spätsommer Autofahren zu lernen. Sie brauchte ein halbes Jahr dafür und im zeitigen Frühjahr hatte sie ihn, den Führerschein.

Es war nicht alles negativ, was in dieser Zeit passierte. Um mir zu helfen und seelisch mit allem besser fertig zu werden, begann ich wieder intensiver zu malen, vor allem mit Acryl und Wachskreide. Auch hatte ich meine erste große Ausstellung in Florenz und eine kleine in Frankreich. Das musste organisiert werden. Wenn es in dieser schwierigen Zeit etwas Positives gab, dann dass wir beide, meine Tochter Maxi und ich, selbständiger und selbstbewusster wurden. Frauen konnten also auch allein klar kommen.

Gyhum

Die Reha ging weiter, nur war sie jetzt anders gewichtet. Sie konzentrierte sich hauptsächlich auf das neue Hüftgelenk. Im Übrigen war dieses Umfeld in Gyhum in der Nähe Zevens eine weitere Verschlechterung in mehrfacher Hinsicht. Es lag sozusagen mitten im Niemansland, mit Bus und Bahn nicht oder nur sehr schlecht erreichbar. Also fielen Besuche unsererseits völlig flach.

Mein Mann hatte kein Einzelzimmer mehr, sein Zimmergenosse war ein Obdachloser. Meinem Mann gefiel dies, er konnte sich wenigstens unterhalten, war nicht alleine. Bis auf diesen

Zimmergenossen war er nun von weitaus älteren Herrschaften umgeben, er war sozusagen im Alters- bzw. Pflegeheim gelandet. Mein Mann war entsetzt und meinte, es sei schaurig dort in Gyhum. Wie konnte es anders sein? Er nahm ziemlich schnell die Attitüden und Gewohnheiten seiner Mitinsassen an. Er hangelte sich von Mahlzeit zu Mahlzeit und meinte dort immer rechtzeitig erscheinen zu müssen, denn sonst bekäme er nichts ab. Wenn ich ihn abends anrief, passierte es ziemlich oft, dass er das Gespräch mit der Begründung, er müsse jetzt ganz fix zum Abendbrot, einfach abbrach. Umgeben war er nicht nur von älteren Personen, nein auch von Menschen, die nach mehreren Schlaganfällen ihrer Sinne nicht mehr ganz mächtig waren. Umso wichtiger war für ihn sein Bettnachbar, der sie wenigstens noch alle beisammen hatte.

Die Physiotherapeuten übten mit ihm am Stock gehen und Treppen steigen, was auch hier nicht gut klappte, vor allem das Runtergehen. Das Treppe steigen ging schon weitaus besser. Ich hörte mir das an und kam plötzlich auf die Idee, warum er nicht mal einfach versuchte, rückwärts die Treppe runter zu gehen. Und siehe da, das war die Initialzündung, es klappte und das viel besser als gedacht. Mein Mann konnte endlich Fortschritte und ein Erfolgs-erlebnis verzeichnen, was für einen derart Traumatisierten von größter Wichtigkeit war.

Seine linke Körperseite bzw. sein linkes Bein und sein Arm machten noch nicht Anstalten wieder ins Leben zurück zu kommen, sie verweigerten ihren Dienst.

Mein Mann bewegte sich also überwiegend im Rollstuhl durchs Rehagebäude.

Mitte November bekam er plötzlich Zahnschmerzen und wurde mit einem Krankentransport zum Zahnarzt nach Zeven in die Realität gekarrt. Auf meine Frage, wann er denn, wenn es dort für ihn so fürchterlich sei, endlich nach Hause käme, kam wie immer die stereotype Antwort: Er wisse es nicht. Er traute sich also immer noch nicht den Schritt zu wagen. Einen Monat später wurde ihm die Entscheidung abgenommen, er wurde als „austherapiert" nach Hause entlassen.

WIEDER ZUHAUSE

Kurz vor Weihnachten war es endlich soweit, das von mir so ersehnte, aber auch gefürchtete Ereignis war da. Mein Mann kam endlich zu uns nach Hause, nach einem halben Jahr Abwesenheit! Was kam da auf mich, auf uns zu? Wie stark beeinträchtigt würde er sein und wie kam er bei uns, in einem dreigeschossigen Haus, klar? Das machte mir schon ziemliche Sorgen.

Alles war schon seit Monaten vorbereitet. Toilettensitz, Rollstuhl, Badekonstruktion, Gehstöcke, für jede Etage einen. Ich hatte auch schon zwei Therapeutinnen, eine Ergo- und eine Physiotherapeutin, die in der Voita-Methode behandelte für unsere private Reha organisiert und einen Hausarzt, der sich neben unserer Homöopathin, um meinen Mann kümmern würde. Jetzt konnte die richtige effektive Reha losgehen. Wir hatten leider ein halbes Jahr vergeudet. Aber was sollte es lange zu jammern?

Den Mann, den ich dann kurz vor Weihnachten zurückbekam, war nicht der, den ich kannte, der Mitte Juni von der Ambulanz abtransportiert worden war. Klar, er war auch schon in Bremen-Ost nicht mehr der, der er früher mal gewesen war und auch schon damals ahnte ich, dass er es vermutlich auch nie mehr ganz werden würde. Aber jetzt war eine gravierende körperliche und seelische Veränderung hinzugekommen. Er war fürchterlich abgemagert, hohläugig, kraftlos, leerblickend. Der, der ihn zu uns transportiert hatte, trug ihn mehr, als er ihn unterstützte, die Treppe nach oben, zu seinem Zimmer.

Was war da die ganze letzte Zeit mit ihm passiert? Auf jeden Fall keine Reha wie man sie sich vorstellt, eher ein körperlicher und seelischer, geistiger Abbau. Ein Verfall hatte eingesetzt. Ein Verfall, den ein Mensch unter Umständen im Greisenalter erfahren kann, nicht aber Mitte Fünfzig. Arno machte auch den Eindruck nicht alles mitzubekommen, was um ihn herum passierte, auch da schien er weitaus mehr eingeschränkt, als ich vermutet hatte. Am Telefon hatte er relativ normal und auch lebhaft gewirkt. Etwas sprachlich eingeschränkt schon, denn im Artikulieren hatte er schon noch leichte Probleme, die Zunge war anscheinend nicht mehr so beweglich. Aber depressiv schien er nicht zu sein, was er jetzt allerdings im hohen Maße war. Es war ein ungeheurer Schlag ins Kontor und eins war mir klar, die richtige Rehabilitation würde noch sehr, sehr lange dauern.

Ein Leben mit Behinderung

…kann sich niemand vorstellen, der es nicht hautnah miterlebt hat, auch wenn man darauf vorbereitet wird. Es hätte meinen Mann, und damit uns alle, zwar schlimmer treffen können, weitaus schlimmer, aber das, womit dem wir nun konfrontiert waren, war auch nicht ohne. Arno konnte sich zwar aufrecht halten, er konnte allein auf die Toilette, wir konnten uns mit ihm unterhalten, er konnte alleine essen, aber er war im Wesentlichen nur auf sich selbst konzentriert, hockte sozusagen in sich drin, ohne viel von uns und von un-

serem Leben mitzubekommen. Und
er triefte vor Selbstmitleid. Es dauerte eine ganze Weile, bis er innerlich
wieder bei uns angekommen war, bis
er sich integriert hatte. Er war vor allen Dingen stärker beeinträchtigt, vor
allem mental, als ich geglaubt hatte.
Sein Kurzzeitgedächtnis war katastrophal, was ich mit Entsetzen zur Kenntnis nehmen musste. Als wir den Weihnachtsbaum aufgebaut und geschmückt
hatten, stand mein Mann davor, drehte
sich um, kam in die Küche und fragte
mich, wo denn der Weihnachtsbaum
sei. Wie damit umgehen? Vor allem
wie ihm klar machen, dass Selbstmitleid völlig unnötig war? Denn er konnte ja wirklich eine ganze Menge.

Als mein Mann merkte und realisier-
te, dass er tatsächlich die Treppe allein,
ohne Rollstuhl, hinauf und hinunter

kam, wenn auch rückwärts runter, gab ihm das schon Auftrieb. Ganz allein kam er noch nicht die Treppen hinauf und hinunter, jemand musste dicht hinter ihm bleiben um zu verhindern, dass er rückwärts runter sauste und das war bei mir mit viel Angst verbunden, denn ich hätte ihn, so leicht er jetzt auch war, nicht im Ernstfall halten können. Zum Glück ist es nie passiert und je öfter er die Tour von oben nach unten in die Küche und umgekehrt machte, umso besser ging es. Es schaffte ihm Selbstvertrauen und das war bitter nötig. Aber es genügte ihm nicht, er wollte all das wieder können, was er vor einem halben Jahr noch gekonnt hatte. Zwecklos ihm zu sagen, er müsse halt Geduld haben.

Wichtig war auch, dass er endlich mit Normalität in Kontakt kam, nach einem halben Jahr Ausnahmezustand und hauptsächlichem Kontakt mit Lädierten und dementen Altersheimkandidaten. Deshalb war es auch so wichtig, dass er ziemlich schnell im Haushalt Aufgaben übernahm, beispielsweise den Geschirrspüler ein und ausräumen, desgleichen die Waschmaschine und den Trockner. Für seine mentale Beweglichkeit hatte er ein Computerprogramm mitbekommen, mit dem er schon in Oldenburg geübt hatte seine geistigen Fähigkeiten wieder auf Trapp zu bringen. Dies brachte allerdings nur kurze Zeit etwas und vor allem auch nicht so viel, wie er und die Ärzte sich davon versprochen hatten. Wie auch schon erwähnt, brachte die Konstruktion, um meinen Mann zu baden, nicht viel, also schafften wir ein Sitzbrett an, auf dem er gewaschen und geduscht werden konnte. Er lernte sich zum Teil selbst zu waschen, den Rest erledigte ich. Ich war zur Pflegerin geworden, denn auch das An- und Auskleiden klappte noch nicht von allein. Ein Riesenproblem war sein Unvermögen seine Blase längere Zeit zu kontrollieren und er glaubte, nur innerhalb des Hauses bleiben zu können. Höschenwindeln zu benutzen war für ihn tabu. Also schafften wir professionelle Urinierflaschen an und deponierten sie in seinem Zimmer und im Untergeschoß in der Küche und im Büro, überall dort, wo er sich aufhielt. Auch sein Sichtfeld und damit seine Wahrnehmung waren immer noch ziemlich eingeschränkt, was auch verhinderte, dass er mit dem Rollstuhl allein im Straßenverkehr unterwegs sein konnte. Das funktionierte auch schon aus anderen Gründen nicht, denn er hatte keinen Elektrorollstuhl. Vorerst konnte er nur geschoben werden, was auf die Dauer sehr mühsam war.

Für mich war übrigens zu diesem Zeitpunkt schon klar, dass seine halbseitige Lähmung nur schwer zu beeinflussen sein würde, aber es war ungeheuer schwer dies meinem Mann klar zu machen, denn er akzeptierte nur die vollständige Heilung für sich.

FRÜHPENSIONIERUNG

Es war ziemlich schnell klar, dass der Arbeitgeber meines Mannes nicht abwarten würde, bis Arno vollständig regeneriert sein würde. Nicht lange nach seinem Eintreffen zuhause bekam er eine Aufforderung zum Amtsarzt zu kommen und wie erwartet stellte der die Diagnose „voll arbeitsunfähig" und das auf Dauer. Wie gesagt, es war mir und vielleicht auch meinem Mann vorher klar, aber daraus resultierte ein um einiges vermindertes Einkommen. Da mein Mann derjenige war, der für unser Familieneinkommen zuständig war, ergab sich daraus kein gelindes Problem für die Zukunft. Mein Sohn ging noch zur Schule, meine Tochter studierte Biologie im zweiten Semester. Wir mussten also in Zukunft mit weit weniger Geld auskommen als bisher. Zum Glück, waren wir rechtzeitig und vorausschauend auf die nicht wenig kostspielige Idee gekommen, unsere Tochter den Führerschein machen zu lassen. Dies war auch schon deswegen angebracht, weil als linksseitig Gelähmter und als jemand dessen Wahrnehmung eingeschränkt war, es meinem Mann künftig unmöglich sein würde ein Auto zu lenken. Um wieder wie früher Besorgungen für den Haushalt machen zu können, war es wichtig, wenigstens einen Führerscheinbesitzer an Bord zu haben, denn ich gedachte in meinem fortgeschrittenen Alter mich nicht mehr zusätzlichem Stress auszusetzen, um diesen auch noch zu machen.

Um das uns zu Verfügung stehende Geld etwas aufzustocken, beantragten wir auf Anraten Arnos Hausarztes ziemlich schnell Pflegegeld. Dazu gehörte auch der Schwerbehindertenausweis, der uns half in Zukunft steuerliche Vergünstigungen zu bekommen. Ich war übrigens trotz aller finanzieller Einschränkungen froh, endlich den jahrelangen Stress mit Arnos Arbeitgeber, der Telekom, hinter uns lassen zu können, denn der war Teil des Dilemmas, in dem wir uns nun befanden. Die Frage war nur, womit sich mein Mann in Zukunft, ohne seinen ihn voll ausfüllenden, bisherigen Job, beschäftigen können würde. Zum Glück war er momentan noch damit beschäftigt sich von der Anstrengung der Reha zu erholen.

Nicht das alte Leben

Ein anderes begann und dies war für uns alle eine große Herausforderung – bis heute. Hauptsächlich konzentrierte sich nun alles auf meinen Mann, was mich und alle anderen sehr anstrengte und mit der Zeit auch ungeheuer nervte und sehr viel Streit provozierte. Meine Tochter half mir seit einem Jahr den äußerst schwierigen Alltag mit allem drum und dran zu bewältigen. Sie musste auf einen Schlag plötzlich erwachsener, vernünftiger werden und sie war mir eine sehr große Hilfe mit ihren zwanzig Jahren. Mein Sohn ging nach wie vor zur Schule und ließ sich nicht viel anmerken, er sprach nicht besonders viel über das, was ihn bedrückte. Er konzentrierte sich nur auf sich selbst und überließ hauptsächlich mir und seiner Schwester den Alltag zu wuppen.

Da wir, meine Tochter und ich, jetzt wieder unser Auto benutzen konnten, taten wir es auch und begannen, kürzere und weitere Ausflüge zu machen. Benny, meinen Sohn, interessierten diese nicht die Bohne. Er hatte sein Fahrrad und seine Videospiele, mehr meinte er nicht zu benötigen. Für Maxi und mich war es wichtig mal etwas anderes als unsere vier Wände zu sehen und die Pflege und alleinige Konzentration auf einen Behinderten zu erleben.

Einmal überredeten wir meinen Mann mitzukommen. Wir dachten, es würde ihm gut tun und seinen sehr engen Horizont wieder etwas erweitern. Es endete im Fiasko, denn nicht nur das Ein- und Aussteigen aus und in den Familienvan war für ihn problematisch… Da er keine Höschenwindeln benutzte, wollte er ständig anhalten, um zu pinkeln. Er konnte sich auf nichts anderes konzentrieren, was ich nicht nachvollziehen konnte und mich sehr wütend machte. Er verweigerte schlicht und einfach die Benutzung von Windeln außerhalb des Hauses. Er wollte es allein schaffen, ohne Hilfsmittel, was sich sehr schwierig gestaltete, zu schwierig.

Ein anderes Mal nahmen wir ihn samt seinem Rollstuhl mit in den Bürgerpark, um mit ihm dort laufen zu üben. Auch keine gute Idee, denn es strengte ihn ungeheuer an und der Versuch endete im Rollstuhl. Unsere Versuche ihn in ein relativ normales Leben zu integrieren endeten meist im Fiasko. Wir machten zweimal den Versuch ihn mitzunehmen, von da an ließen wir es lieber bleiben.

Es störte meinen Mann übrigens nicht sehr, sich als Behinderter in der Öffentlichkeit im Rollstuhl zu bewegen. Er war hauptsächlich auf seine Blase konzentriert, die nicht so wollte wie er. Die Meinung der Menschen um ihn herum schien ihm schnuppe zu sein. Überhaupt war ihm alles, was außerhalb des Hauses passierte, nicht mehr wichtig. Seine Welt war klein geworden, zu klein. Ihm genügten die zwei Therapeutinnen, die ihn wöchentlich besuchten und mit ihm übten besser klar zu kommen, seine Familie und unser Computer im Büro. Er igelte sich ein. Je mehr dies der Fall war, desto größer wurde mein Verlangen raus und weg zu kommen. Jeden Morgen schnappte ich mir, wenn das Wetter es zuließ, mein Fahrrad und fuhr meine fünf bis sechs Kilometer. Die wenigen Male, wenn ich mit Arno zusammen Spaziergänge machte, indem ich ihn im Rollstuhl schob, endeten unerfreulich in Streit oder Jammerei oder Selbstmitleid seinerseits. Es brachte nichts ihn motivieren oder pushen zu wollen, er hatte seinen eigenen Rhythmus, seine eigene Geschwindigkeit, hatte sie immer gehabt, so auch jetzt. Ich musste sie akzeptieren lernen.

UNSERE NACHBARN

… reagierten unterschiedlich auf den Behinderten Arno. Die direkten, aus dem Nebenhaus, waren interessiert, nahmen Anteil und unterhielten sich mit uns gelegentlich über Arnos Fortschritte, jedoch wollten sie nichts über Stagnation wissen. Die meisten aber schauten peinlich berührt beiseite, wollten nicht konfrontiert werden mit Leid, mit Behinderung, mit Unabwendbarem.

Noch während der Rehazeit wollte ein Nachbar, mit dem uns die Liebe zu Dänemark verband, wissen, wo denn sein gelegentlicher Gesprächspartner, über unser schönes Nachbarland im Norden, abgeblieben und was mit ihm passiert sei? Bei der Schilderung der Geschehnisse, die mich verständlicher Weise sehr mitnahmen, brach ich in Tränen aus. Mit meinem Leid konnte er augenscheinlich nicht umgehen, denn er sprach mich nie wieder an. Die Leute von schräg gegenüber meinten, hämisch und gut hörbar für mich, herausposaunen zu müssen, wie denn jemandem, der noch relativ jung sei, so etwas passieren könne. Das sei doch nicht normal!

Jannis, ein etwas verschrobener Hagestolz aus einem Parallelweg hatte weniger Berührungsängste. Seine Beziehung zu Arno war immer ein wenig von Neid geprägt, denn er hatte meinen Mann stets spöttisch als „Herr Postdirektor" angesprochen und hatte auch darüber hinaus ein zwiespältiges

Verhältnis zu ihm gehabt, er fühlte sich von meinem Mann nicht verstanden. Jetzt, nachdem Arno behindert war, tat er sich besser mit ihm.

Eine Frau, die weiter entfernt wohnte, setzte mich in Erstaunen. Sie, die selbst eine jahrelange, leidvolle Erfahrung mit ihrer Krebserkrankung hinter sich hatte, sprach mich etwa ein Jahr nach Arnos Gehirnblutung an und meinte, jetzt, nachdem ich nicht mehr so stark traumatisiert und verbittert wirke, wolle sie sich erkundigen wie es uns und mir so ginge. Wir sprachen relativ locker, oder besser den Umständen entsprechend, über alles. Sie meinte, wenn ich reden wolle, mit ihr könne ich es. Das hatte ich nicht erwartet und fand es sympathisch und rührend.

DER PANZER

Ziemlich bald, nachdem sich die mentalen Fähigkeiten meines Mannes etwas gebessert hatten, ließen wir auf Kosten der Krankenkasse den handbetriebenen Rollstuhl zu einem mit Elektrobetrieb umbauen. Nur war der leider nicht wirklich stabil und strapazierfähig. Sobald Arno zu stark an etwas Hartes stieß und das war, da sein Gesichtsfeld noch etwas eingeschränkt war, nur natürlich, musste der Rollstuhl immer sofort wochenlang zur Reparatur. Außerdem fuhr er maximal nur 5 km/h, für den Anfang also gar nicht übel. Damit war Arno selbstständig und das war gut für ihn und für uns, den Rest der Familie.

Er war nicht mehr abhängig von einer Begleitperson.

Mein Mann konnte jetzt alleine Ausflüge machen, seinen Horizont etwas erweitern und das war auch bitter nötig. Einmal versuchte ich ihn dabei zu Fuß zu begleiten und einmal per Fahrrad. Beides funktionierte nicht gut. Zu Fuß war er mir zu schnell und mit dem Fahrrad war er mir zu langsam. Wir schafften es nicht auf ein gemeinsames Level zu kommen. Also musste Arno alleine klarkommen und das klappte auch immer besser. Er schaffte es unfallfrei am Straßenverkehr teilzunehmen.

Was natürlich ein großes Problem darstellte, waren nicht abgesenkte Bordsteine, denn unsere Gesellschaft ist nicht wirklich behindertengerecht. Das beginnt bei den Bordsteinen, geht über Eingange, unüberwindbare Treppen bei Behörden und so weiter. Behinderte werden nicht nur in dieser Beziehung an den Rand der Gesellschaft gedrängt, wir machen es ihnen sehr schwer an unserem Leben teilzunehmen. All das begriff ich erst jetzt wirklich so nach und nach. Jemand sagte mal, es gäbe keine Behinderung, nur eine Herausforderung. Wir nahmen sie an, mussten sie annehmen und wir wuchsen daran. Die nicht abgesenkten Bordsteine machten auch bei uns zu Hause Probleme, denn es gab eine Schwelle, die der Rolli nicht ohne Mühe schaffte. Wir beschafften also Kunststoffkeile, die es Arno möglich machten problemlos vom Weg aus auf unser Grundstück zu kommen. Erleichterungen dieser Art gibt es, man muss nur dahinter kommen, wo. In dem Fall, wie so oft, haben wir das Internet durchforstet und mit Erfolg.

Der Krankenkassenrollstuhl sollte, was wegen des Motors sehr umständlich und schwer war, jedes Mal nach Gebrauch ins Haus zurück, eine Bedingung der Krankenkasse. Er durfte nicht draußen in unserem Vorgarten übernachten, denn er hätte gestohlen werden können. Das umständliche Raus und Rein des Rollstuhls taten wir uns nicht sehr lange an, das war keine gute Lösung. Also kauften wir uns über eBay einen gebrauchten, sogenannten Elektro-scooter, und damit er gut sichtbar war, einen roten. Das Ding konnte eine Höchstgeschwindigkeit von 10 km/h erreichen und wurde von uns bald „Panzer" getauft. Es war kein Rollstuhl mit Lenker, sondern mit Bedienung von der rechten Armablage aus, mit einem Lenker wäre mein Mann nicht klar gekommen, da er den linken Arm nicht benutzen konnte. Dieser Scooter war selbstfinanziert, die Krankenkasse beteiligte sich nicht daran, denn er konnte nicht ins Haus bugsiert werden und bekam auch keine abschließbare Überdachung vor dem Haus, wie gefordert. Der rote Scooter bleibt seither Tag und Nacht mit einer Plane bedeckt im Vorgarten und wurde bisher nicht gestohlen. Wenn er mal repariert werden muss, was gelegentlich der Fall ist, kommt ein Service vorbei oder er kommt für ein zwei Tage in die nahe Werkstatt. Mein Mann kann ziemlich weite Ausflüge mit ihm machen, denn die Elektro-Batterie hat zum Glück ein ziemlich großes Fassungsvermögen. Er fährt inzwischen schon einige Zeit mit ihm zu unserer sieben Kilometer entfernten Hausärztin und selbstverständlich zu seiner Krankengymnastin, die etwas weniger weit entfernt liegt, ebenso zu seinem Zahnarzt. Diese Selbständigkeit ist außerordentlich wichtig. Arno ist nach wie vor allein mit seinem Panzer unterwegs, denn zu Fuß könnte ich ihn nicht begleiten und mit dem Fahrrad ist er mir wie gehabt zu langsam.

Mut zur Freiheit

Das bedeutet, das jeder sein eigenes Leben hat und das Recht Fehler zu machen auch dem anderen das Recht zugesteht seine Fehler zu machen, was bis heute noch oft schwer für mich ist. Ich kann Arno nicht davor schützen Unfälle zu bauen. Mein Mann hat so einige Stürze hingelegt in den letzten dreizehn Jahren. Zum Glück nichts Gravierendes, jedoch habe ich immer die Angst im Hinterkopf, ein Sturz könnte wieder einen Oberschenkelhalsbruch zur Folge haben oder Schlimmeres. Inzwischen kann sich Arno jedoch schon ziemlich gut bewegen, das bedeutet der halbseitigen Lähmung entsprechend. Wenn er stürzte, so musste er lernen, sich alleine aufzurappeln. Was auch ziemlich bald klappen musste, denn es war und ist mir nicht möglich einen Mann seiner Größe und seines Gewichts auf die Beine zu heben. Er musste lernen vorsichtig zu sein und gewisse, riskante Dinge sein zu lassen. Die vernünftige Einschätzung dessen, was er tun sollte und was besser nicht, fehlt ihm immer leider noch manchmal.

Mitunter hat er stärkere Krämpfe und Schmerzen im rechten Bein, was wir mit Magnesium Phosphoricum (Schüssler Salze) meist in den Griff bekommen. Diese Krämpfe sind latent in unterschiedlichem Stärkegrad vorhanden, was dafür verantwortlich ist, dass er inzwischen stark gebeugt läuft und seine Körpergröße fast meine eigene erreicht hat. Ich war vor seiner Gehirnblutung vierzehn Zentimeter kleiner als mein Mann. Trotz alledem halte ich es mittlerweile aber gut aus, Arno seine Touren mit dem Scooter machen zu lassen.

KAUFRAUSCH

Er war immer ein Sammler gewesen, aber nun trieb er die Sache auf die Spitze. Jetzt kaufte er anscheinend aus reinem Frust. Es war so schön bequem, nicht das Haus verlassen zu müssen und trotzdem nach Herzenslust per Internet konsumieren zu können. Also was gibt's Einfacheres als sich Wünsche zu erfüllen, wenn man schon nicht das kriegt, was man haben will: körperliche Unversehrtheit?

Plötzlich packte meinen Angetrauten der Rausch des Kaufens und er kaufte eBay leer. Meinem Mann gab es Selbstbestätigung, sozusagen Streicheleinheiten, wenn er massenweise Jazz-CDs oder Bücher erwarb. Wo sollte das alles hinführen, wo dies alles lagern? Außerdem sprengte es unsere Finanzen. Denn Arno kaufte leider nicht nur CDs und Bücher, er kaufte auch anderes, meist Unsinniges. Es ging so weit, dass wir ihm den eBay-Zugang sperren mussten. Das funktionierte auch nur deshalb, weil jeder in der Familie seinen eigenen Laptop besitzt. Zunächst versuchte ich, an seine Vernunft zu appellieren, was nicht viel nützte. Einem Kaufsüchtigen kann man nicht mit Vernunft kommen. Ich war verzweifelt und vertraute mich unserer Homöopathin an, die meinen Mann explizit daraufhin homöopathisch behandelte. Es dauerte eine Weile bis die Wirkung einsetzte und auch dann gab es noch Rückfälle. Bis mein Mann begann sich einen Ersatz für's Kaufen zu suchen.

Dieser Ersatz waren Steuererklärungen und die Arbeit daran. Auch das betrieb er exzessiv, aber wenigstens wurde sein Konsum kleiner. Er liest jetzt die Bücher, statt sie nur zu kaufen und zu lagern. Auch versuchte er mit mehr oder weniger Erfolg das Gekaufte wieder bei eBay los zu werden. Inzwischen ist die Bücherhalde in seinem Zimmer ein wenig kleiner geworden. Mitunter bringt Arno gelesene Bücher zu Bücherschränken, die in jedem Stadtteil für Büchertausch eingerichtet wurden. Das ist zwar rausgeworfenes Geld, aber was soll's? Sein Zimmer wird etwas übersichtlicher und gleicht nicht mehr ganz dem eines Messies.

STEUERFACHMANN

Außer den Tätigkeiten im Haushalt, zu denen auch irgendwann das Saugen der Küche hinzu kam, brauchte mein Mann irgendetwas, was ihn mehr ausfüllte, mehr Spaß machte und vor allem ihn von seinen körperlichen Gebrechen ablenkte. Ich animierte ihn dazu sich auch wieder an Handwerkliches zu wagen. So säuberte und ölte er damals noch halbherzig unsere Gartenmöbel und schliff mit unserem Schwingschleifer erst unsere Küchentischplatte ab und versiegelte sie, dann meine Schreibtischplatte. Dies bekam er auch als einarmiger Bandit anscheinend ganz gut hin. Besser als er vermutet hatte! Seine Annahme, nutzlos zu sein, hatte Kratzer bekommen…

Die Leidenschaft meines Mannes war und sind allerdings alte Uhren und die Reparatur dieser. Denn, wenn sie auch schön anzusehen sind mehr oder weniger, ganz intakt sind sie nie. Also versuchte er sie zu reparieren, nicht immer mit durchschlagendem Erfolg. Also mussten neue her, die er bei eBay ersteigerte. Da er sich aber von den alten Defekten nie trennte, stehen bei uns nun einige Uhren zu viel herum, was mich mitunter ziemlich wütend werden lässt.

Krankenkassenabrechnungen per Computer zu machen begann mein Mann schon einige Monate nachdem er wieder bei uns war, eine Riesenerleichterung für mich. Von da aus war es kein großer Schritt mehr zur Steuererklärung. Arno entwickelte sich mit der Zeit zum Steuerfachmann, was uns mit der Zeit nicht wenig Geld sparen ließ und immer noch lässt. Diese Steuererklärungen sind bei meinem Mann schon fast zur Obsession geworden, denn er verbringt viele Stunden damit, auch für unsere beiden Kinder steuerliche Vorteile herauszufinden. Allerdings weigert er sich standhaft diese Kenntnisse auch außerhalb der Familie anzuwenden, sich als Steuerfachmann anzubieten.

Selbstverständlich übernahm mein Mann auch wieder, sobald seine mentalen Fähigkeiten sich besserten, die Verwaltung unserer Familienfinanzen. Er ist nicht mehr der Alte aber auch kein völlig anderer geworden, denn er hat nach wie vor eine Vorliebe zu riskanten Geldanlagen und auch dazu allzu selbstherrlich zu entscheiden, was zu tun ist und was man besser bleiben lässt.

Dies alles hört sich ganz flüssig und positiv an, was es auch ist aber natürlich gab und gibt es auch Rückschläge, denn mitunter ist ihm mehr, manchmal weniger anzumerken, dass sein Gehirn nicht mehr das alte ist und es einen gehörigen Schlag abbekommen hat. Auch seine Artikulation ist nicht immer gleich gut. Seine fehlerhafte Mundmuskulatur hat auch Auswirkungen auf die Art, wie er isst, denn er hat hin und wieder Probleme seinen Speichel während des Essens zu kontrollieren. Auch Arnos Kurzzeitgedächtnis ist manchmal besser, manchmal schlechter. Er war und ist immer ein Bücherfresser und liest immer noch enorm viel, aber er vergisst das Gelesene oder einiges davon ziemlich schnell wieder. Was aber enorm wichtig war und ist, dass mein Mann sich mit seinem körperlichen Zustand abfindet. Ich vermute, es fällt ihm inzwischen etwas leichter, aber ganz wird er es wohl nie.

KÖRPERLICHE NÄHE

…ist ein heikles Thema zwischen meinem Mann und mir geworden, was es nicht immer war und dazu gehört auch Sex. Den hatten wir zum letzten Mal vor beinahe dreizehn Jahren, kurz bevor ihn der Schlag ereilte und danach nicht mehr. Das hat verschiedene Gründe: Zum einen scheint bei meinem Mann das Areal im Gehirn, das für Lust und Sex und Erotik zuständig ist, stark betroffen zu sein und er empfindet dergleichen nicht mehr. Es ist von seiner Festplatte sozusagen gelöscht worden und zum anderen scheint er panische Angst vor einer Sache zu haben, bei der sein Riesendilemma begann. Natürlich nahm ich dies nicht immer klaglos hin und es gab diverse Diskussionen. Jedoch brachten sie nichts, denn mein Mann ist seit seiner Gehirnblutung impotent und daran scheint nichts zu machen zu sein. Kuscheln funktioniert auch nicht, wegen Arnos linksseitiger Lähmung. Es gestaltet sich äußerst umständlich und nach einigen Versuchen gab ich auch das auf. Unsere einzige Nähe ist die, wenn mein Mann abends zu mir in mein Zimmer kommt, sich neben mich legt, auf seine Seite des Doppelbetts und mir eine Stunde aus Büchern vorliest. Dies ist gleichzeitig ein logopädisches Sprachtraining und lässt mich ruhig werden und einschlafen. Ein schönes Ritual, dass ich nicht mehr missen möchte. Nie hätte ich mir allerdings träumen lassen, das unser Alter und der Umgang mit Sex so aussehen würde, denn ich wünschte mir ein ausgefülltes Sexualleben zusammen mit meinem Mann bis ins hohe Alter. Ich mußte einsehen und begreifen lernen, dass Lust, Sex und Befriedigung jetzt meine eigene Sache ist und daran wird sich auch vermutlich nichts mehr ändern.

Jede Beziehung ändert sich mit den Jahren, so auch unsere, wenn auch abrupter und radikaler als die andere Paare. Unsere Beziehung beruht heute auf Partnerschaft und Freundschaft und Vertrauen, die über die vierzig Jahre, die wir nun zusammen sind, gewachsen sind. Mal funktioniert unser Zusammenleben besser, mal schlechter. Denn Toleranz ist ein wichtiger Faktor in jeder Partnerschaft, in einer mit einem Behinderten ganz besonders. Es ist nicht einfach mit einem

Behinderten zusammen zu leben, ich musste und muss es erst lernen, genau wie mein Mann auch.

Resümee

Es sind gleich dreizehn Jahre ver-
gangen seit dem Sonntagmorgen im
Juni 2005. Viel ist passiert und Vieles
hat sich verändert. Wir, unsere Familie, musste damit lernen umzugehen,
was viel Kraft und Energie gekostet
hat. Wir sind immer noch mittendrin,
der Prozess wird nie abgeschlossen
sein, vermute ich mal. Mein Mann hat
gelernt mit seinem Körper umzugehen
und packt es, den Umständen entsprechend, ganz gut. Ob er es akzeptiert
halbseitig gelähmt zu bleiben, glaube
ich nicht, er hofft, dass seine Lähmung
sich bessert, was auch wirklich nicht
völlig ausgeschlossen ist. Sein Gehirn

musste sich umstrukturieren und dieser Prozess ist auch vermutlich noch nicht abgeschlossen.

Wichtig ist in dem Zusammenhang, nicht zu sehr den Prognosen der Neurologen zu vertrauen, sondern die Dinge selbst in die Hand zu nehmen, denn nach deren Einschätzung hätte mein Mann die letzten dreizehn Jahre im Pflegeheim verbracht und wäre, so wie es in dergleichen Institutionen zugeht, auch vermutlich nicht mehr am Leben. Es ist wichtig nicht den Mut und die Zuversicht zu verlieren!

Inhalt